戦争と安全のねだん

藤田千枝 編　菅原由美子 著

大月書店

戦争と
安全の
ねだん

もくじ

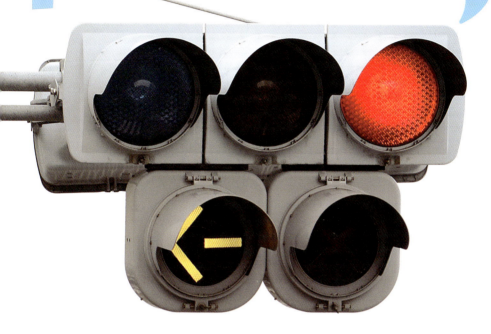

信号機って、
いくらする？

交差点（こうさてん）の自動式のものは
約400万円～500万円

3

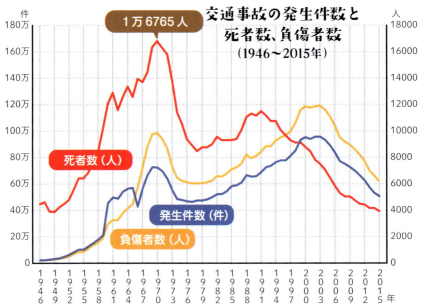

交通事故の発生件数と
死者数、負傷者数
（1946〜2015年）

1万6765人

死者数（人）

発生件数（件）

負傷者数（人）

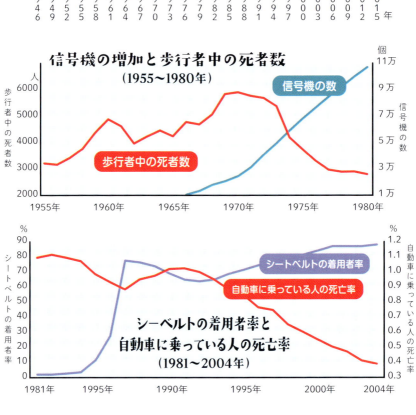

信号機の増加と歩行者中の死者数
（1955〜1980年）

信号機の数

歩行者中の死者数

シートベルトの着用者率

自動車に乗っている人の死亡率

シーベルトの着用者率と
自動車に乗っている人の死亡率
（1981〜2004年）

信号の色は赤・緑・黄色で世界共通

　信号機は世界中で同じ色が使われている。赤・緑・黄の３色で、国際ルールとして決まっている。緑は「すすむことができる」、赤は「とまれ」、黄色も「とまれ」だ。黄色は、横断中などのときに、渡りきってしまうかもどるかなど、安全に動くための時間だ。緑を「青信号」と呼んでいるのは日本だけで、実際には青ではなく青緑が使われている。赤や緑は波長が長く、遠くからよく見える色だ。赤は、刺激がつよく注意をひき、緑は安心を与える。黄色は雨でも一番よく見える色で、JIS規格（日本工業規格）では、危険を表す色と決めてられている。

信号機は交通事故を減らし、人の命を守る役割を果たしてきた

　1959年〜1960年の２年間の交通事故の死亡者数が、日清戦争（1894〜1895年）での日本の戦死者１万7282人をこえる勢いでふえていることから、「これは戦争と同じ状態だ」ということで「交通戦争」という言葉が生まれ、社会問題となった（左ページ上のグラフ）。

　第二次世界大戦のあと、日本は経済の発展のために道路の建設に力を入れて、車が急に増えたのに、安全対策がおいつかないままだった。その後、歩道をつくり、信号機、ガードレール、歩道橋、道路標識を設置することで、1970年をピークに、交通事故死者は減っていった。左（中央）のグラフのように信号機が増えるのにともなって歩行者中の死者数は急速に減った。

　また、シートベルトを着用する人が増えるにしたがって、車に乗っている人の死亡率がぐんと減った（左ページ下のグラフ）。

　信号機は、交通事故を防ぐとともに、交通渋滞も少なくしている。道路の車両感知器から送られてくる情報をもとに、信号の光っている時間を変えて、自動車がスムーズに走れるようにしているのだ。

※道路の発展については３巻P21を参照

🐻 自動車を減らす新しい公共交通、路面電車

　道路をつくることを優先してきた結果、自動車による移動が増えて、車がないと買い物にも医者にも行くことのできない町が日本全国にできてしまった。二酸化炭素を出す車は、環境を汚す。しかし、二酸化炭素を出さない電気自動車や水素カーの普及はまだまだだ。利用者が減って、鉄道やバスの路線の多くが廃線になった。車に依存した社会はそうかんたんには解消しない。

　車をへらす試みとして、路面電車が見直されている。路面電車というと古いイメージがあるが、新しい交通システム＝LRT（ライト・レール・トランジット＝軽量軌道交通）として広がっている。床が低く、扉が広い構造で乗り降りがしやすい。スピードはあまり速くないが、人と環境にやさしい公共交通として注目され、ドイツ・フランス・イギリスなどで新しくつくられている。日本でも、車を使わない街づくりの柱として、LRTが各地の自治体で導入されている。

阪堺線（大阪―堺）の
ライトレール

富山のライトレール

札幌のライトレール

6

ポンプ車
約**2300万円**

はしご車（40m級）
約**1億7000万円**

●消防自動車としてつくられるのは、日本国内で1年に1100台くらい。

7

川から水をくみ上げる
ポンプ車

案内看板

震災時
取水地点
○○川

消防水利

消防車のポンプで
川の水をくみ上げる

水

川

消防ポンプ車と消火栓の
しくみ

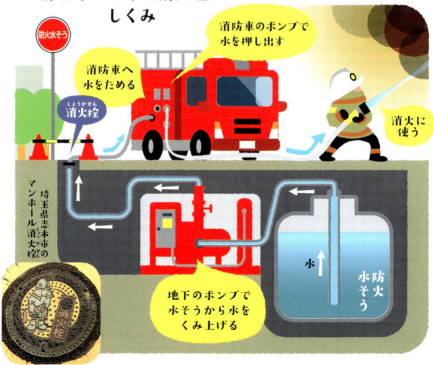

防火水そう

消防車へ
水をためる

消火栓

消防車のポンプで
水を押し出す

消火に
使う

埼玉県志木市の
マンホール消火栓

地下のポンプで
水そうから水を
くみ上げる

水

防火
水そう

8

 水を吸い上げ、押し出すポンプ車

　消防車は、火事や災害などから生命・財産をまもる役割を担っている。消防車で一番多いのはポンプ車だ。川から吸い上げた水や、消火栓から送られてきた水をポンプの力で押しだして、放水する（左ページの図参照）。消防車のなかに水をためることができるものを「水そう付きポンプ車」と言い、1000リットル以上の水をためることができ、火事の現場につくとすぐに水を放水できる。

　江戸時代には木箱の手動式ポンプがあったが、火事を消すほどの能力はなかった。水をかけて火を消すようになるのは明治以降で、フランス式のポンプを導入してからだ。ポンプは、馬で運び、人が動かした。

　はしごは、高い城壁をのりこえ、戦争に使うためにつくられた武器のひとつだった。車にのせて消防に使うようになったのは、1800年代で、日本では明治時代のなかごろ、都市に高い建物が増えたころからだ。はしごは1個ではなく、組みあわせて使うことでさらに高くなる。最初は人や馬の力ではしごを伸ばしていたが、明治36年、ドイツ製の機械で動くはしご車が導入された。木と鉄でできた三連のはしごは、約18mまでのびた。現在では、はしごの高さが最大で50mを超える消防車もある。

火事のときはサイレンと鐘、消火したら鐘だけを鳴らして帰る

　消防車の色は、最初に輸入したドイツの消防車が赤色だったので、赤色が基準となったが、世界には赤以外の紫、白、黄、青色の消防車がある。消防車は、火事ではないときは「ウー」というサイレンだけで走り、火事のときは、サイレンとともに「カンカンカン」という鐘の音を鳴らす。消火したら、鐘だけを鳴らしながら消防署に帰っていく。

🐻 消火のボランティア、消防団

消防署員は、消防を専門の仕事として働く地方公務員だ。それとは別に、ふだんはほかの仕事をしていて、火事や災害があったときに出動する「消防団」がある。全国に2200団、86万人の団員がいる。法律によって、それぞれの市町村に設置されている。火事だけでなく、常にその地域の住人の安心と安全を守る役割を果たしていて、女性団員も増えている。消防団員は非常勤特別職の地方公務員とされ、自治体から年に数万円、出動したときに1回あたり数千円支給されるが、基本的にはボランティア組織だ。

🐻 江戸の町人の50人に1人が「火消し」だった

江戸時代は、人口が江戸の町に集中したために、ひとたび火事が起こると多くの犠牲者が出た。そこで、八代将軍吉宗と町奉行大岡越前は町の火消し組合の設置を命じた。江戸の町を、隅田川から西を担当する「いろは組」47組と、東の本所・深川を担当する16組に分けて、自営の消防組織をつくったのだ。道具などは町がお金をだして購入したが、消火作業はほぼ無報酬のボランティアだった。

このころは、まわりの家をこわして燃え広がるのを防いだ。

火消したちが屋根の上で「まとい」をかかげるのは、家をこわす範囲を示すためだったが、同時に自分の組の活躍を世の中に知らせるためでもあった。江戸中期にはとび職人を中心に町人の50人に1人が火消しだった。火事は江戸の町にとって、それほど恐怖だったのだ。

明治になって、公立の消防局がつくられたが、火消組は消防団として受け継がれて、今日にいたっている。

め組の
まとい（纏）

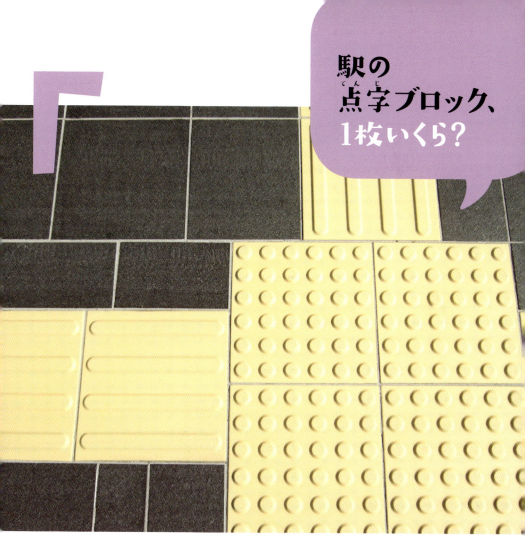

駅の
点字ブロック、
1枚いくら?

点字ブロック
1枚 **2500円**

● 30cm×30cm、裏にコンクリートのついたタイル

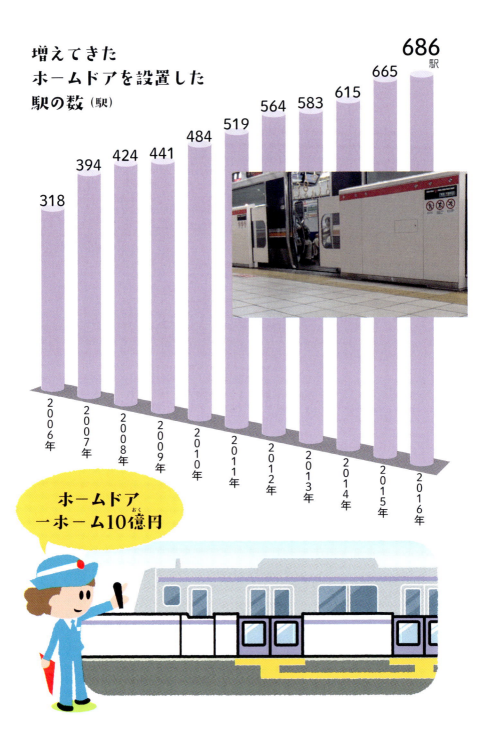

増えてきた
ホームドアを設置した
駅の数（駅）

686
駅

665

615 583 564 519 484 441 424 394 318

2006年　2007年　2008年　2009年　2010年　2011年　2012年　2013年　2014年　2015年　2016年

ホームドア
一ホーム10億円

😊 点字ブロックは日本発の国際規格

　道路や駅で見かける点字ブロックには、種類があって意味がある。線のものはすすむ方向をしめす「誘導ブロック」、点のものはその先に危険があることをとしらせる「警告ブロック」だ。目の不自由な人が、足の裏の感覚や杖で確認できるよう駅のホームや道路などに敷いてある。だから、その上に荷物を置いたり、車をとめたりしてはいけない。

　点字ブロックは、三宅精一氏によって考案され、1967年に世界で初めて盲学校の近くの交差点に設置された。その後、設置が法律で定められて、2001年に点字ブロックの形が決められた（日本工業規格＝JIS）。このJIS規格をもとに世界共通の国際規格が定められた。

😠 1日の利用者が10万人以上の駅には　　ホームドアを設置

　2016年8月15日、東京、青山1丁目駅で盲導犬を連れた男性が線路に転落して亡くなるという事故があった。駅のホームには点字ブロックを中断するかのように柱が立っていた（事故との関係は不明）。

　こうしたホームからの転落事故をなくすために、国はホームドアの設置をすすめている。1日の利用者が10万人以上の全駅にホームドアを設置すること、1万人以上の駅でホームドアのない駅では、線路の位置がわかりやすい線と点をあわせた「内方線つき点状ブロック」を敷くことが決められた。また、線路側のオレンジ色や紅白の帯は、歩きスマホやゲームをする人に目につきやすいようになっている。

内方線つき点状ブロック

※ユニバーサルデザインについては2巻P26を参照

駅や建物のバリアフリー化をすすめる法律がある

　1994年に、建物のバリアフリー化をすすめる「ハートビル法」ができた。博物館や百貨店など、たくさんの人が出入りする建物に、スロープ、見やすい地図、凹凸のある押しボタン、エスカレーターの「のぼり・くだり」の点字表記や、音声案内のあるエレベーターなど、障がい者や高齢者が利用しやすい対応を義務付けたのだ。

　2000年には駅や電車など交通機関のバリアフリー化を目的とした「交通バリアフリー法」が成立し、駅の中にエレベーター、エスカレーター、スロープなどを設置することや、運賃表・ホームへの案内板などを点字で表示することなどを義務付けた。その後、両方を合わせる形で「バリアフリー新法」ができ、駅やビルは急速に変わってきた。

エレベーターは、車いすの人や耳の不自由な人でも利用しやすいようにする

廊下は車いすや耳の不自由な人でも安心して通れるようにつくる

ドアは車いすでも通れるように設計する

トイレは車いすでも使いやすいようにつくる

階段には手すりを付け、段差はゆるやかに

駐車スペースは車いすでも利用できるようにする

出入り口までは段差がないかスロープ式に

誘導用の点字ブロックを敷く

アメリカと日本を結ぶ海底ケーブル
（9000km）

FASTER

306億円

● 海底ケーブル「FASTER」（2016年運用開始）、日本とアメリカをつなぐ
　通信ケーブル。
　60kmごとに置かれた中継装置で増幅しながら、海底を
　9000kmにわたって光の信号が伝わっていく。

15

世界中にはりめぐらされた主な海底ケーブル

フランステレコムの海底ケーブル敷設船

2003年KDDI：その後さらにたくさんの海底ケーブルがつくられている。

SEA-ME-WE3
FLAG
SAFE
RJK
GP
GPT
Guam
PacRim East
C-US CN
TPC-3
TPC-5CN
J-US CN
Southern Cross
PacRim East
Southern Cross
Hawaii
C-US CN
C-US CN
J-US CN
PC-1
TPC-5CN
PC-1
HAW-4
HAW-5
TPC-4
NPC
PAC
Pan American
MAYA
MAC
Americas1
Americas2
Atlantis
Columbus III
Columbus II
UNISUR
Atlantis2
FLAG
SAT2
SAT3
SMW3
REQJA
ODIN
SAFE/SAT-3-WASC

16

🐵 インターネットは海底ケーブルで世界とつながっている

　インターネット、メールや電話が世界とつながっているのは、海の底を通っている海底ケーブルのおかげだ。左ページの図のように、世界中の海の底には、110万km以上（2017年）もの通信ケーブルがはりめぐらされている。声や文字や絵は、光の信号に変えられて、海底ケーブルのなかにある細い光ファイバーの中を伝わっていく。

　光の信号は「陸揚地」という海岸のポイントから海の底へもぐり、海の底を通ったあと着く側の海岸のポイント（陸揚地）で陸にあがる。ケーブルはすこしたるみを持たせながら、海底8000mもの深さまで、はうように設置されている。

　光の信号は遠くになると弱くなるので、途中で中継器という機械で信号を強くしながら、遠くまで届くようにしている。あらかじめケーブル工場でいくつか接続して専用の船（敷設船）から海底に下ろしていく。設置したあとにケーブルが切れたときも、海から引き揚げて、この船の上で修理する。

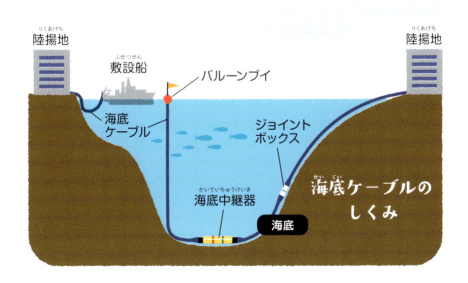

陸揚地

敷設船

バルーンブイ

海底ケーブル

ジョイントボックス

海底中継器

海底

陸揚地

海底ケーブルのしくみ

🦁 1秒間にDVD1600枚分の データを送れる

「FASTER(ファスター)」(P15)は、日本のKDDI、Google(グーグル)などの6社が共同で資金を出してNECが工事をした海底ケーブルだ。ケーブルは日本の三重県志摩と千葉県千倉からアメリカの西海岸地域にある複数の陸揚地につながっていて、2016年に運用がはじまっている。海底ケーブルで1秒間に送ることのできる情報量は年々多くなったが、このFASTERは60テラビットも送ることができる。1秒にDVD約1600枚を送信できて、約9億3000万人が同時に話せるほどの情報量だ。

🦁 世界中の通信データの80％が アメリカを経由する

元アメリカ国家安全保障局(NSA)の局員エドワード・スノーデンは、イギリスやアメリカは世界中の情報を海底ケーブルを利用して集めていると告発した。

世界中の電話や通信データの80％以上が海底の光ファイバーケーブルを通ってアメリカの海岸のポイント(陸揚地)に届く(P16の地図参照)。アメリカはこのうち20か所に情報を集める拠点をつくっているという。

情報がもれることに危機を感じて、ブラジルは直接ヨーロッパへつながり、アメリカ企業がかかわらない海底ケーブルを建設している。

※情報量については、3巻P17を参照

宇宙服、
1セット
いくら？

船外用（スペースシャトル）の宇宙服
約10億5000万円

スーツ　約1億円
ヒーター付きの手袋　約220万円
生命維持装置（リュック）　約9億5000万円

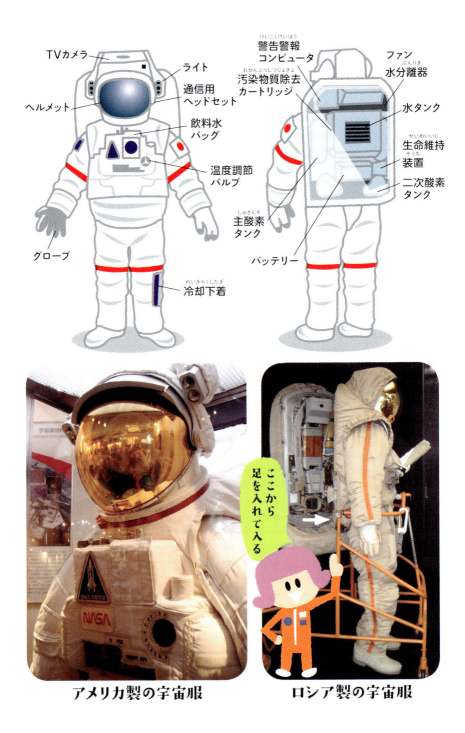

TVカメラ

ライト

ヘルメット

通信用
ヘッドセット

飲料水
バッグ

温度調節
バルブ

グローブ

れいきゃくしたぎ
冷却下着

けいこくけいほう
警告警報
コンピュータ

おせんぶっしつじょきょ
汚染物質除去
カートリッジ

ファン

ぶんりき
水分離器

水タンク

せいめいいじ
生命維持
そうち
装置

二次酸素
タンク

しゅさんそ
主酸素
タンク

バッテリー

アメリカ製の宇宙服

ここから足を入れて入る

ロシア製の宇宙服

🐻 リュックの中身は生命維持装置

　NASA（アメリカ航空宇宙局）の宇宙服は4つのパーツ（頭、胴体、手、足）にわかれた白いスーツと、リュックのようなものの2つでできている。宇宙飛行士が空気のない宇宙空間に出て作業をするときは、酸素とポンプと電源が入ったリュックを背負う（生命維持装置＝左ページの図参照）。ポンプは吐いた息を循環させるのに使う。スーツは、服が破れたときに空気がもれないよう何層にもなっている。また、空気がない宇宙は太陽光が当たるところでは100度を超える高温になり、逆に日陰はマイナス100度以下になる。宇宙服の下に着る下着には、水が循環するパイプがはりめぐらされていて、内部を一定の温度に保つようにしてある。

🐻 世界最大のロケット、めざすは火星

　宇宙船や人工衛星は、ロケットで宇宙に運ばれる。

　アメリカの「スペースX」社は、長さ70m、重さ1420トンの大型のロケット「ファルコン・ヘビー」を打ち上げた（2018年2月）。衛星の代わりに赤い電気自動車を火星への軌道にのせた。7年後には人の乗った宇宙船を送る計画で、将来は人が火星に住むことをめざすという。

　同じころ日本では、世界最小の衛星用ロケットの打ち上げに成功した。長さが9、5mで、電柱ほどの大きさだ。東京大学が開発した手のひらに乗る超小型衛星を軌道にのせた。地球をまわりながら地表を撮影し、海上や山の観測装置からのデータを収集をする衛星だ。

　開発には民間の会社が参加し、携帯電話などの部品を使って、費用を安くした。衛星は海外との契約をめざしている。

　宇宙開発には、たくさんの夢や可能性がある。だが、多額のお金を使うことに対する疑問の声もある。一方で、民間の会社がロケットや衛星をつくり、衛星のデータを売るなど、宇宙はビジネスの場でもある。

※宇宙旅行については4巻 P43を参照

静止衛星は地球と同じ速さでまわる

　地球のまわりには、いろいろな種類の人工衛星がとんでいる。

　衛星が地球を1周する時間を「周期」というが、高度が低いほど周期は短く、高くなるほど周期が長くなる。高度約3万6000kmだと周期が24時間になり、人工衛星は地球の自転と同じように1日で地球を1周する。地球の自転といっしょにまわっているので、衛星はいつも地球の同じ場所の上空に位置している。空のある1点にとまっているように見えるので「静止衛星」といい、放送衛星、通信衛星、気象衛星などがある。

　日本の気象衛星「ひまわり」は、東南アジアからオーストラリア上空まで観測している。気象衛星は多くの国で持っているが、そのデータは、気象衛星のネットワークから世界へ送られる。国際線の飛行機や海を渡る船には刻々と気象情報を送る。

　地球観測衛星は地上600～900Kmの高さから地表を観測する。海の温度や、稲のたんぱく質まで測定できるので、農業や漁業にも活用されている。日本の陸域観測衛星「だいち」は、2日間で世界中の地表の観測ができる。災害のようすを撮影したり、アマゾンの森林の違法伐採を発見するなど、世界に情報を提供している。地球観測衛星は、地表のようすがよくわかるので、偵察衛星にもなる。

GPS、誤差10mから数cmへ

　測位衛星は、衛星の位置や時間を携帯電話やカーナビなどの受信機に発信する。受信機は3～4個の衛星の情報を受け取り、その位置を計算する。アメリカ軍のもつGPSは、24個の測位衛星をうちあげ、受信機が地球上のどこにあっても位置を確認できるしくみだ。民間や他の国にも開放され、日本も使っている。日本でも測位衛星「みちびき」をあげた。これをGPSとあわせて使うと距離の誤差が10m前後から、数cmまで小さくなるという。

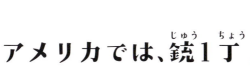

アメリカでは、銃1丁
5万円で買える。

23

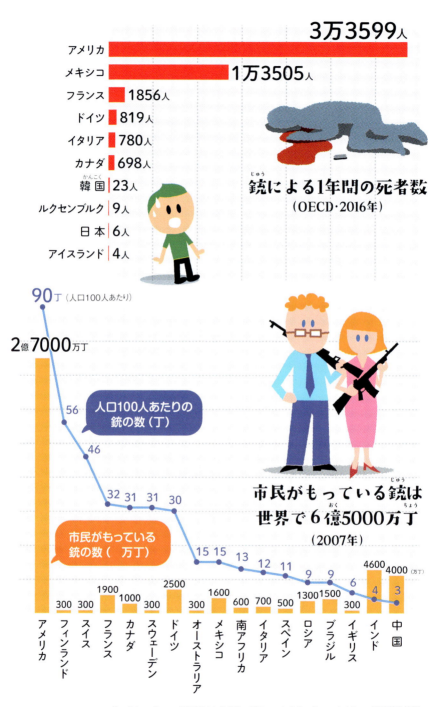

アメリカ		**3万3599**人
メキシコ		**1万3505**人
フランス		**1856**人
ドイツ		**819**人
イタリア		**780**人
カナダ		**698**人
韓国（かんこく）		**23**人
ルクセンブルク		**9**人
日本		**6**人
アイスランド		**4**人

銃（じゅう）による1年間の死者数
（OECD・2016年）

90丁（人口100人あたり）

2億7000万丁

人口100人あたりの銃の数（丁）

市民がもっている銃の数（　万丁）

市民がもっている銃は世界で6億5000万丁（おく）（じゅう）（ちょう）
（2007年）

アメリカ	フィンランド	スイス	フランス	カナダ	スウェーデン	ドイツ	オーストラリア	メキシコ	南アフリカ	イタリア	スペイン	ロシア	ブラジル	イギリス	インド	中国
90	56	46	32	31	31	30	15	15	13	12	11	9	9	6	4	3
2億7000万	300	300	1900	1000	300	2500	300	1600	600	700	500	1300	1500	300	4600	4000（万丁）

Small-Arms-Survey-2007:Table 2.3 The 30 largest civilian firearm holdings（平均値を使用）

24

※銃は、兵器の銃とはちがうので公式には小型銃という

アメリカ市民の10人に4人が銃を持っている

　1992年、アメリカに留学していた16歳の服部剛丈さんは、ハロウィンパーティーの会場とまちがえて入った家の男性に銃で殺された。民事裁判では両親への損害賠償が認められたが、刑事裁判では正当防衛だったとして男性は無罪になった。両親は、25年たった今も、銃のないアメリカ社会の実現のために、アメリカの高校生を日本に1年間留学させる活動をしている。「銃のない日本の社会を見てほしい」という願いからだ。

　2017年の調査では、アメリカ市民の10人に4人が銃を持っている、または銃のある家庭に住んでいると答えている。2016年、殺人や過失致死の3分の2以上が銃によって起きている。

　オーストラリアでは、1996年に観光地のタスマニア島で起きた銃の乱射事件のあと、銃をへらすために個人が持っている銃を買い取った。そのときに、65万丁を回収した。7年後には銃による自殺率は57％下がり、銃による殺人は約42％も減った。それでも未登録の銃が26万丁あると推定されていて、2017年7月1日から9月30日までに登録していない銃を提出すれば罪に問われないとした。この間に市民は2万6000丁の銃を自主提出したという。こうして市民の銃の保有数を減らしている。

銃の保有率が高い国では、銃による自殺が多い

　アメリカは州によってちがうが、「自分の身は自分で守る」という考え方が根強く、護身用に銃を持つことが認められている場合が多い。スイスは徴兵制だが、兵役のあとに家に銃を持つことができる。スイスもアメリカも銃の保有率が高く、銃による自殺も多い。自殺は衝動的なものが多いので、家に銃があると自殺の手段として選んでしまうのだ。

　日本は銃の規制がたいへん厳しく、銃による犯罪はとても少ない。

日本は殺人そのものが少なく、検挙率も高い

　日本で銃を持つことが許されているのは、警察官や自衛官、海上保安官などの特別な公務員や、スポーツ選手だけだ。スポーツで使う銃のうち、火薬で発射する銃は国内で50人までと決まっていて、警察で保管している。

　日本は銃規制が厳しいので銃による殺人が少ないが、殺人の件数そのものも少ない。世界201か国中197番目だ。そして殺人の検挙率は95％と高い。一方、警察官の人数は、トルコやスペインが人口1000人あたりに5人であるのにくらべて、日本は人口1000人あたり2人と少ない。つまり、殺人事件については、日本は少ない人数で高い検挙率を保っているということができる。

民間の警備員が増えている

　また、世界的には、民間の警備員の人数が増えている。推定2000万人と言われ、さらに増えていくと予想されている。

　民間警備員が警官より多いのはインドで、民間警備員およそ700万人に対して警官は140万人。中国は民間警備員が約500万人に対して警官は約270万人である。アメリカも民間の警備員の人数のほうが多い。

　こうしたことは、世界中ですすむ格差の広がりと関係がある。高い賃金で民間の武装警備員を雇って警護をする人が増えているのだ。紛争地域以外では中南米で武装する警備員が多く、民間の警備会社がもつ銃は世界に300万丁もあると推測されている。

無実の罪が
わかったら……

無実の罪に対して、1日最高
1万2500円支払われる。
（警察や刑務所にいた日数×1万2500円）

27

世界にはこんなめずらしい罰金がある

ドイツ・ベルリン
中指を上にさしだして
人を侮辱するサインには罰金。

イギリス・ロンドン
地下鉄で乗り越すと
約1万4000円の罰金。

アメリカ・テキサス州ダラス
個人宅の敷地などへ
無断で入った犬を射殺しても
訴えられない。

スペイン・マドリッド
横断歩道以外の道路の横断、
信号無視は4500円の罰金。

アメリカ・ニュージャージー州
歩行中に携帯電話でメールを
打つと約1万円の罰金。

アメリカ・ルイジアナ州
ズボンの腰履きをすると
約6000円の罰金。

アメリカ・ハワイ
横断歩道以外の場所で道路を
渡ると約1万5000円の罰金。

28

ロシア・サンクトペテルブルク
両替所以外での両替は罰金。

イタリア・ヴェネツィア
サンマルコ広場でハトにエサを
与えると約7万円の罰金。

イタリア・ローマ
スペイン広場で
映画『ローマの休日』の
ワンシーンをまねると
7万円の罰金。

中国・上海
自転車の反対車線
走行は罰金。

UAE・ドバイ
電車のなかでいねむりを
すると約9000円の罰金。

香港
シートベルトをしないと
6500円の罰金。

シンガポール
街中でゴミのポイすてをすると
約8万5000円以下の罰金。
水洗トイレの水を流さないと
約1万3000円の罰金。

オーストラリア・ケアンズ
自転車に乗るときにヘルメットをしない、
ライトをつけないと3000円の罰金。
赤信号で横断すると5000円の罰金。
立小便をすると 約3500円の罰金。

🐻 無罪判決で1億3000万円を補償

有罪判決を受けても、もし無実だとわかった場合、要求すれば刑務所に入っていたあいだの補償金が出る（要求しなければもらえない）。補償金額は、警察や刑務所にいた期間1日あたり1000円〜12500円と法律で決まっている。

1978年に強盗殺人で無期懲役の判決を受けた櫻井さんと杉山さんは、1996年の仮出獄までの29年間、刑務所に入っていた（布川事件）。その後、無罪判決が確定し、裁判所に訴えた結果、2011年に1億3000万円（12500円×365日×29年）の補償金がもらえることが決まった。

🐻 アメリカでは、3億円や40億円という例もある

アメリカでは、無実の罪で17年間服役したニューヨーク州の男性が州政府に補償を求めていた訴訟で、同州が男性に337万5000ドル（約3億5000万円）を支払うことで和解が成立。また、1989年にニューヨーク市で起きたレイプ事件で、刑に服した後に無罪となった元少年5人に対し、市側が約4000万ドル（約40億円）を支払って和解が成立した。

アメリカでは、1980年代後半から、DNA鑑定によって多くの無実の罪が明らかになった。1992年に、DNA鑑定などの科学鑑定を使って事件を検証し、無実の罪に対する支援を無償で行う民間の団体ができた。「イノセンス・プロジェクト」と言って、2人の弁護士によって、ニューヨークではじまった。2017年11月までにアメリカで、DNA鑑定によって無実の罪を晴らすことができた事件は337件、そのうち20件が死刑判決を言い渡されていた。

この活動の影響で2004年に「万人のための司法手続き法」の一部として「無実者保護法」が制定され、国が各州にDNA鑑定を行うための補助金を出している。

2016年には、日本にも「えん罪救済センター」が設立された。

日本の防衛費（2018年度予算）は
5兆1911億円
（ニュージーランドの国家予算とほぼ同じ）

ミサイルを発射する自衛隊のイージス艦「こんごう」

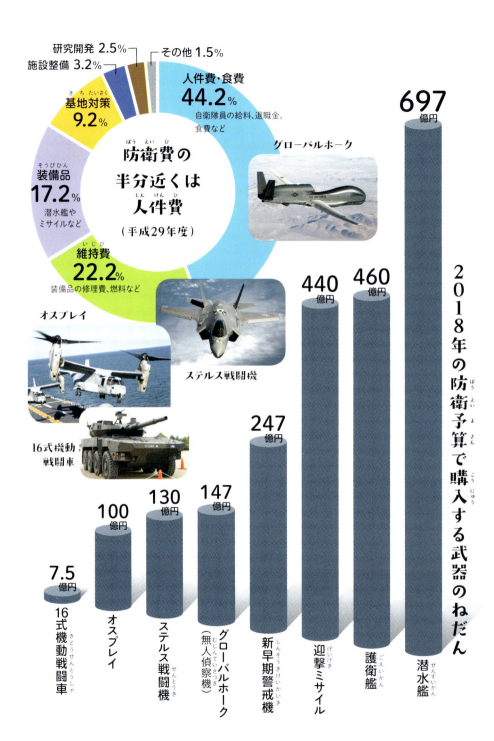

研究開発 2.5%
施設整備 3.2%
その他 1.5%

基地対策
9.2%

装備品
17.2%
潜水艦や
ミサイルなど

維持費
22.2%
装備品の修理費、燃料など

防衛費の
半分近くは
人件費
（平成29年度）

人件費・食費
44.2%
自衛隊員の給料、退職金、
食費など

グローバルホーク

オスプレイ

ステルス戦闘機

16式機動
戦闘車

2018年の防衛予算で購入する武器のねだん

697
億円

460
億円

440
億円

247
億円

147
億円

130
億円

100
億円

7.5
億円

16式機動戦闘車

オスプレイ

ステルス戦闘機

グローバルホーク
（無人偵察機）

新早期警戒機

迎撃ミサイル

護衛艦

潜水艦

防衛費の半分は人件費

「防衛費」とは、国の予算のうち国を守るために使われるお金のことで、日本では、武器などを買うお金、訓練するお金、自衛隊の人件費や経費などの自衛隊関連費と、日本にあるアメリカ軍基地の対策費もふくまれている。国連の統計では、「軍事費」として扱われる。防衛費の半分近くは人件費が占めている（左ページ・上のグラフ）。

2018年の防衛費は5兆1911億円で、ニュージーランドの国家予算とほぼ同じだ。

日本は兵器の多くをアメリカから買っている

日本はアメリカから、2019年度以降に1基1000億円近いミサイルを2基買う計画をたてている。その準備に7億円を2018年に使う。これは北朝鮮のミサイル対策で、ミサイルを陸上から発射して打ち落とす迎撃ミサイルだ。世界最高のレーダーと迎撃能力を組み合わせたイージスシステムが使われている。偵察用ドローン・グローバルホーク1機、オスプレイ（1機100億円）4機、ステルス戦闘機（1機130億円）6機をアメリカから買う予定だ。

このように、日本は兵器の多くをアメリカから買っている。これは「対外有償軍事援助」によるもので、アメリカは自分の国の企業の武器を国が買い取り、窓口となって外国に売っている。国が相手を選ぶことができて、国どうしで技術が流出しない約束をすることもできる。アメリカは、韓国には戦闘機を売り、イラクには装甲車200両を売るなど、120か国以上に武器を販売している。

一度売られると武器は世界に広がり、拡散される。売っていないはずの兵士までがアメリカ製の武器を使っているとの報告がある。

駐留米軍への負担率は世界一位

　防衛費のなかには、日本にあるアメリカ軍基地に支払うお金（P32の円グラフの基地対策費）がふくまれる。日本にある米軍の従業員の給与・水光熱費・隊舎、家族住宅等の整備、社会保険料（健康保険、厚生年金保険等）まで、日本の防衛費から出しているので、「思いやり予算」とも呼ばれている。駐留米軍の経費を負担している割合は、国によってちがうが、日本は世界一負担率が高い。

ドイツ	韓国	イタリア	クウェート	ルクセンブルク	カタール	サウジアラビア	日本
32.6	40	41	58	60.3	61.2	64.8	74.5%

各国の駐留米軍の経費負担率（2002年）

自衛隊には災害派遣の役割もある

　自衛隊には、災害派遣の役割もある。事故や災害の場合、まず市区町村の消防や警察が救助や交通整理などにあたる。自衛隊は都道府県知事の要請で派遣され、捜索や救助、人や物資の輸送など、さまざまな活動を行う。水も電気もないライフラインが断たれた状況で、食事や寝る場所の確保、おふろなどの援助を行っている。野外手術ユニット、1日に1200人が入れる野外入浴セットなど自衛隊独自の装備品をもっている。

自衛隊の野外入浴ユニット

自衛隊の野外手術ユニット

地雷1個つくるのに300円
撤去するには、その100倍かかる

中国製の対人地雷（イラク）

地雷や不発弾、クラスター爆弾の
被害にあった人の数

（2016年）

被害にあった人の数

- 1〜9人
- 10〜49人
- 50〜199人
- 200〜499人
- 500人以上

チリ

コロンビア

マリ

チュニジア

リビア

シリア

トルコ

ウクライナ

ロシア

エジプト

イラク

イラン

イエメン

アフガニスタン

パキスタン

インド

ミャンマー

ラオス

カンボジア

殺さずに負傷させる、残虐な「悪魔の兵器」

地雷は地面の浅いところに埋めて、知らないで人や車が触れたり乗ったりすると爆発する小さな兵器だ。田畑や広場、林などに埋めてあるので、犠牲になるのは市民で、とくに女性や子どもが多い。殺すよりも、けがを負わせたり、後遺症が残ることで、本人だけでなく社会に大きな負担をおわせる。その残虐性や無差別性から「悪魔の兵器」と呼ばれている。

また、その土地全体を危険で立ち入りできなくすれば、その地域に田畑を作れない。戦争が終わっても、爆発するか取り除かないかぎりその土地は永久に危険である。戦争が終わっても、地雷で負傷する危険ととなり合わせで暮らしたり、たとえ地雷原とわかっていても、そこを耕して生きるしかない人々も多い。

年間1万人近くが犠牲になっている

地雷には、たくさんの種類があるが、多くは金属、プラスチック、木などの廃材でかんたんにつくれる。1つ100円から1000円しかかからない。ところが、埋めてあるものを取り除くには、その100倍もの費用がかかる。

2016年の地雷(クラスター爆弾や不発弾もふくまれる)による被害者は8605人で、そのうち、少なくとも2089人が死亡している。とくに、アフガニスタン、リビア、ウクライナ、イエメンでの被害が多い(左のページの世界地図参照)。

地雷除去には危険がともなう。現在のところ安全で効率的なのが、日本の会社が開発した油圧ショベルによる、地雷処理用の重機だ。地雷を爆破すると同時に、地雷原の木を伐採するので、とりのぞいたあとでそのまま畑に変えられる。こうした重機は高価なので、購入資金を国連、NGO、企業、各国の政府などが援助している。

第2の地雷、クラスター爆弾

36Pの地図の被害者数のなかには、クラスター爆弾による被害もふくまれている。クラスター爆弾は、一発の爆弾のなかに何百個もの小さな爆弾が入っていて、空中で破裂し、広い範囲に小さい「子爆弾」をまく。

この小さな爆弾のなかには、金属のかけらが入っていて、爆発するとそれが飛び散り、建物や人のからだにつきささる。命を失う確率が高く、助かっても体中に傷が残り、手足を失うなどの障がいも残る。広い範囲にまくので戦争に関係のない人が被害にあう。

そして、広く飛び散った小さな爆弾の多くが、畑や森林などに爆発しないまま残る。戦争が終わったあとも危険を与え続けるので「第2の地雷」と呼ばれている。地面の上にそのまま残るので、子どもが知らずに手でふれて爆発する事故が多い。

記録されているだけでも2016年末までに2万1200人以上がクラスター爆弾の被害にあっている。記録されていないものまでふくめると、これまでに5万6000人以上が被害にあっていると考えられている。2017年8月現在、29の国と地域でクラスター爆弾が不発弾として残っている。

空から親爆弾を落とす

上空で子爆弾200個が飛び散る

子爆弾
それぞれに鉄片300個ぐらい入っている

クラスター爆弾のしくみ

さらに子爆弾のなかの鉄片が広範囲に飛び散る

地表や地中に不発弾が残る

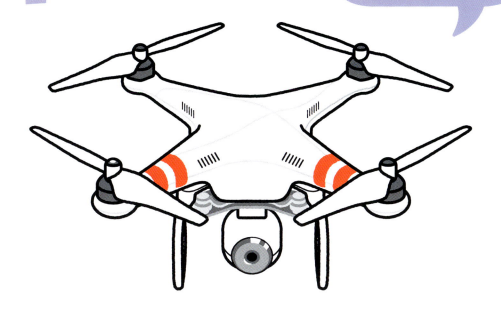

ドローンは
1万円以下のものから、
数10億円の
ものまである。

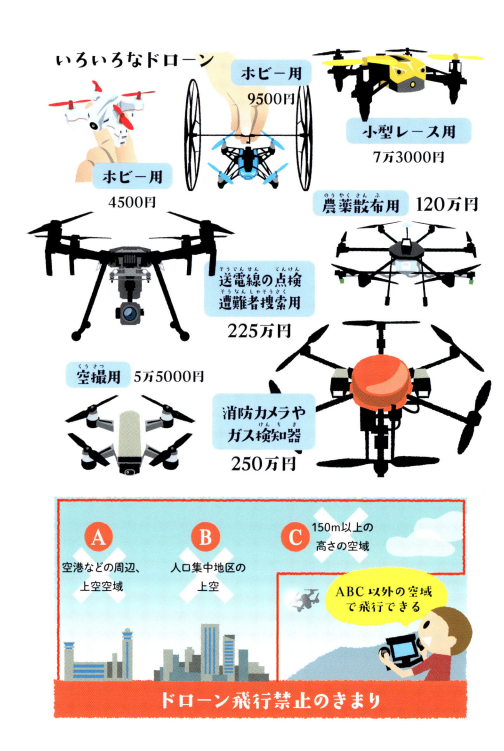

いろいろなドローン

ホビー用
9500円

小型レース用
7万3000円

ホビー用
4500円

農薬散布用　120万円

送電線の点検
遭難者捜索用
225万円

空撮用　5万5000円

消防カメラや
ガス検知器
250万円

A 空港などの周辺、上空空域

B 人口集中地区の上空

C 150m以上の高さの空域

ABC以外の空域で飛行できる

ドローン飛行禁止のきまり

🐻 農業に災害に、空撮に、広がるドローンの活用

　ドローンは、人が乗らないで飛ぶ航空機のことをいう。飛行機の形のものもあるが、ヘリコプターのような羽が3つから8つあるものが多く「マルチコプター」とも呼ばれる。ジャイロセンサーや加速度センサーが搭載されていて、安定して垂直に上下し、飛行できる。

　日本では、農薬の空中散布に無人ヘリコプターが使われてきたが、今は回転翼が6つくらいのドローンが増えている。ヘリコプターよりねだんが安く、低い位置で農薬を散布するので、ほかの農地にまで農薬が飛ばない。

　ドローンには、GPSなどの技術がたくさん使われている。カメラや赤外線センサーなどを組み合わせて、次々と新しい使い方が開発されている。農業では植物の高さや雑草の状況などもドローンで見つけ出せる。また、送電線や風力発電のプロペラなど高いところを点検したり、事故後の原発や火山の噴火など人が近づけない現場を撮影できる。山火事のときは、薬剤を散布して消火をする。これからもドローンの活用は広がっていくだろう。

　空撮も、普及した技術のひとつで、一般の人が使うドローンでも撮影できるようになった。高いところ、狭いところ、危険な場所での撮影ができるので、通常では見られない景色も撮れる。その一方で、盗撮やプライバシーの侵害が心配されている。アメリカでは特定の場所の監視、偵察など警察の捜査に使われたり、メキシコの国境はドローンによる監視が日常的に行われている。

🐻 ドローン飛行には決まりがある

　日本では勝手にドローンを飛ばせない。東京都や大阪市は全公園でドローンの飛行を禁止している。飛ばせるところは少ないために、有料のドローン練習場が各地にできていて、屋内の施設もある。

危険性を増す軍事用ドローンの開発

　ドローンは第二次世界大戦のときから開発がはじまり、1970年代に偵察目的のドローンがつくられ、1995年には軍事用ドローン「プレデター」の運用がはじまった。プレデターは無人攻撃機として、イラク戦争やアフガニスタン紛争で使われた。

　アメリカは、2004〜2015年のあいだにパキスタンに421回ドローン攻撃を行い、市民や子どもをまきぞえにして400人近くが死亡した。

　ドローン兵士は、ドローンを操縦し、画面を見て相手を爆撃する。戦場に行かずに、コンテナのなかでゲームのようにして人を殺す。自国の兵士は死なないので、アメリカ軍は2023年までにすべての攻撃機の3分の1をドローンにおきかえる予定だ。

　軍事用ドローンは、アメリカは大型のもの、小型はイスラエルの開発が多く、ほかの国にも売っている。2017年、イスラエルは機体にライフルや手りゅう弾などの武器を搭載するドローンの販売をはじめた。アメリカは、30機くらいの群れをなしたドローンが、自律飛行するドローンシステムの受注を開始した。「自律」とは、AI（人工知能）によってドローンが自分で判断して動くシステムだ。ドローンだけでなく、攻撃もふくめて人が操縦しないロボット兵器の開発がすすめられている。

　2017年、アメリカの電気自動車の社長やロボット工学やAI関連の各国の企業の創設者116人が、自律型ロボット兵器開発を懸念する文書を発表した。

無人攻撃機プレデター　1機5億円

太平洋戦争で日本は、国家予算の8割を戦争に使っていた。

日本海軍の攻撃で炎上するアメリカの戦艦アリゾナ（ハワイ・パールハーバー）

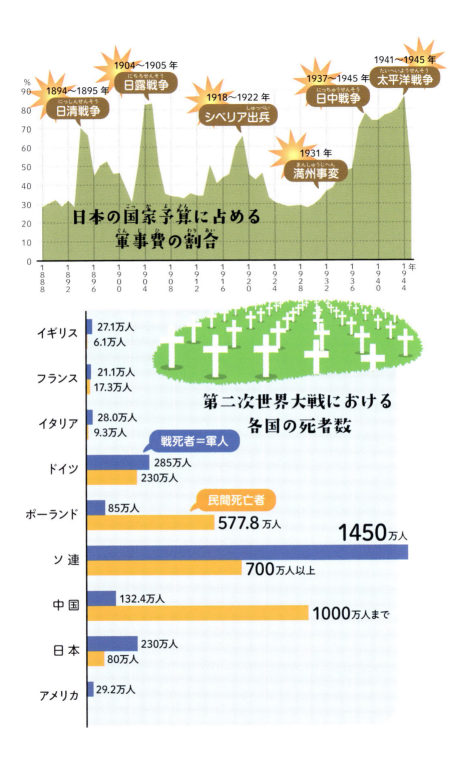

%
90
80
70
60
50
40
30
20
10
0

1894〜1895 年
日清戦争
にっしんせんそう

1904〜1905 年
日露戦争
にちろせんそう

1918〜1922 年
シベリア出兵
しゅっぺい

1931 年
満州事変
まんしゅうじへん

1937〜1945 年
日中戦争
にっちゅうせんそう

1941〜1945 年
太平洋戦争
たいへいようせんそう

日本の国家予算に占める
軍事費の割合
ごっ か よ さん
ぐん じ ひ わり あい

1888 1892 1896 1900 1904 1908 1912 1916 1920 1924 1928 1932 1936 1940 1944 年

イギリス 27.1万人 / 6.1万人

フランス 21.1万人 / 17.3万人

イタリア 28.0万人 / 9.3万人

戦死者＝軍人

ドイツ 285万人 / 230万人

民間死亡者

ポーランド 85万人 / 577.8万人

第二次世界大戦における
各国の死者数

ソ 連 1450万人 / 700万人以上

中 国 132.4万人 / 1000万人まで

日 本 230万人 / 80万人

アメリカ 29.2万人

🦁 今から70数年前、
日本はアメリカと戦争をしていた

　戦争は、国どうしが、自分の国の利益や自衛のために、武力で戦うことをいう。武器や兵士の派遣に莫大なお金を使い、勝った国も負けた国も多くの人が死んでいる。

　第二次世界大戦は、50か国以上が参戦し、世界を二分した人類史上最大の戦争である。日本はそれまでしていた日中戦争に加え、1941年にアメリカと戦争をはじめ、1945年に全面降伏し、終戦を迎えた。

　太平洋戦争では、日本は国の予算の8割を戦争のために使った（左ページ上のグラフ）。その8割は、機械化、大規模化した兵器の購入にあてられ、そのお金は国内の三菱、三井、日立などの機械製作会社、商社、運輸会社に支払われた。費用は国の借金（公債）でまかなわれ、さらに資金が不足すると、当時の占領地や植民地に負担させた。

🦁 犠牲者は8500万人で、
軍人より民間人のほうが多い

　この戦争による犠牲者は世界で6000万人から8500万人にのぼると推計され、当時の日本の人口7100万人を上回る数字だ。そのうち軍人は、2200万人から3000万人、民間人はそれより多い3800万人から5500万人が犠牲になった。戦争や爆撃などによるものだけでなく、戦争によって起こる食糧不足や飢饉による餓死や病死も多かった。

　人口にしめる犠牲者の割合が多いのは、ベラルーシ（旧ソ連）で人口の25％、ウクライナ（旧ソ連）、ポーランドは16％以上だ。ベラルーシやウクライナはドイツ対ソ連戦の犠牲者、ポーランドはナチスドイツによる大量虐殺が多く、そのほとんどが民間人だった。

東京は106回も空爆された

　日本では、終戦間際のアメリカ軍の沖縄上陸、広島・長崎への原爆投下、東京大空襲で、そこに住むたくさんの人々の命が失われた。

　空襲は、飛行機から爆弾を落として町とそこに住む民間人を攻撃するものだ。米軍は日本中の都市を空爆したが、東京には106回も空襲された。落とされたのは、燃えやすい液体がつまった大量の焼夷弾で、火が雨のように降りそそいだという。焼夷弾はあちこちに火災を起こし、その火災による旋風で火が広がり、東京は焼野原となった。1945年3月の東京大空襲による死者は10万人におよんだ。

沖縄は県民の4分の1が犠牲になった

　同じ3月、アメリカ軍が沖縄に上陸した。住民が暮らす土地で日本軍と米軍が戦闘をくり広げたのだ。空・海・陸であらゆる武器が使われ、沖縄県民全体で12万2000人以上、県民の4人に1人が犠牲となった。

　そして8月、米軍は開発したばかりの核兵器を日本に2回投下した。1発の爆弾によって広島では14万人、長崎では7万4000人が死んだ。

　戦争中、国のお金はほとんど戦争のために使われ、働き手は兵隊に行き、土地は荒れていた。戦前、日本は食べ物の多くを輸入していたが、海を潜水艦、機雷、機動部隊などでかこまれて、輸入もできなくなった。戦争が終わっても食べ物のない状態がつづき、上野駅では毎日、数人が餓死していたという。

　戦前（1939年）と戦後（1948年）の14歳の身長をくらべると、男子は身長が6cm低くなった。体重は43.6kgから38.9kgと減っている。子どもたちが戦中、戦後、いかに栄養が足りていなかったのかを示している。

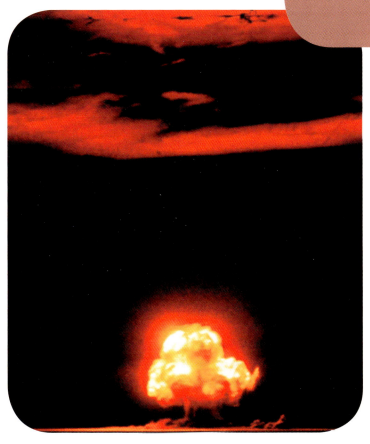

アメリカが核兵器を維持するために
1年間に必要なお金は
3700億円（2015年）
核を廃棄するために必要なお金は、
核弾頭1個 1000万円

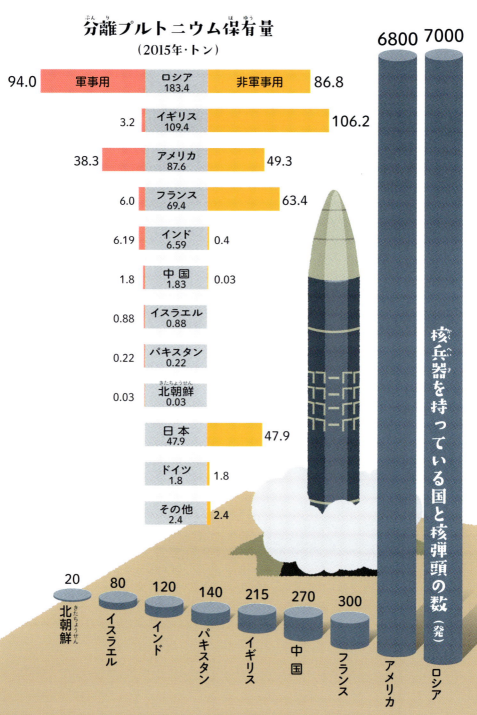

分離プルトニウム保有量

（2015年・トン）

	軍事用		非軍事用
94.0	軍事用	ロシア 183.4	非軍事用 86.8
3.2		イギリス 109.4	106.2
38.3		アメリカ 87.6	49.3
6.0		フランス 69.4	63.4
6.19		インド 6.59	0.4
1.8		中国 1.83	0.03
0.88		イスラエル 0.88	
0.22		パキスタン 0.22	
0.03		北朝鮮 0.03	
		日本 47.9	47.9
		ドイツ 1.8	1.8
		その他 2.4	2.4

6800　7000

核兵器を持っている国と核弾頭の数（発）

20 北朝鮮
80 イスラエル
120 インド
140 パキスタン
215 イギリス
270 中国
300 フランス
6800 アメリカ
7000 ロシア

（2017年6月）

48

世界全体で１万4900個の核弾頭

世界全体で、１万4900個の核弾頭がある（左ページのグラフ）。

これまで核兵器が使われたのは、第二次世界大戦が終わる数日前（1945年）に、アメリカが日本の広島・長崎に投下した２回で、日本は世界でただひとつの被爆国だ。

日本に投下された原爆は、飛行機が核爆弾を運んで投下した。現在では、ミサイルに核爆弾をつけて遠くに飛ばせるようになった。飛ばされる核爆弾を、核弾頭と言い、ミサイル、砲弾、魚雷などにつけると核兵器となる。発射装置に実際に設置されている核弾頭は世界に4120発。責任者が、ボタンを押せば発射準備がすぐに整う。

核をもつことで戦争がふせげる？

広島・長崎に投下されて以来、核兵器は一度も使われていない。もし核を持つ国を攻撃したら、核で攻撃されてしまうと恐れさせることで、戦争をふせぐという考えを「核抑止力」と言う。核を持つアメリカと同盟を結ぶ国も同じように守られると考えられ、これを「核の傘の下」にいると表現される。

原爆の材料、プルトニウム

核爆弾は、プルトニウムや濃縮ウランを原料としている。日本は核兵器をもっていないが、その原料となる分離プルトニウムを47トン持っている（左ページのグラフ）。これは原子力発電所の使用済み核燃料からもう一度原発で使えるように取り出したものだが、国内には10トン、残りは再処理のためにフランス、イギリスにある。分離プルトニウムは、兵器に使えるので、テロリストによる盗難や、日本が核兵器をつくるのではないかと心配されている。

核兵器が広がるのを禁止した条約

　ロシアとアメリカは競いあうように核を開発し、一番多いときには、世界の核弾頭が7万発を超えた。国連では、核が広がることを止めるために、世界190か国が署名し、「核兵器の不拡散に関する条約」を発効した（1970年）。条約は、すでに持っている5か国以外の国が核を持つことを禁止し、持つ国には減らす努力を求めた。アメリカとロシアは「おたがいに核を減らしましょう」と約束をし、世界の核兵器は5分の1まで減っている。しかし、2か国とも核の開発をやめていない。使ったら人類を滅ぼしかねない「使えない核」ではなく、狭い範囲をねらえて威力の小さい小型核＝「使える核」を開発している。

　核兵器をつくるための核実験は、世界で少なくとも2115回（2014年10月現在）以上行われている。解体を待つ核は、アメリカは3000個、ロシアでは4000個で、そのまま残っている。核兵器を解体すると、兵器から取り出した放射性廃棄物が残る。核実験では多くの人が被曝し、開発から廃棄までそのすべての過程で放射性物質による汚染がおこる。

核兵器そのものを禁止する条約

　2017年、すべての核兵器を禁止した「核兵器禁止条約」が国連で採択された。核を持つだけでなく、核をおどしの道具にすることも禁止した。この条約の成立に、NGOの「ICAN」の活動が大きく貢献したとして、ノーベル平和賞を受賞した。核廃絶の活動を続けていたサーロ―節子氏は、授賞式で「核兵器は絶対悪である」とスピーチした。条約は、賛成多数で採択されたが、核を持つ9か国と、オーストラリア、韓国、カナダ、ドイツなど、アメリカの同盟国とNATO加盟国は不参加だった。

　日本は、世界でただひとつの被爆国だが、採決に参加しなかった。

ニューヨークの国連本部ビル

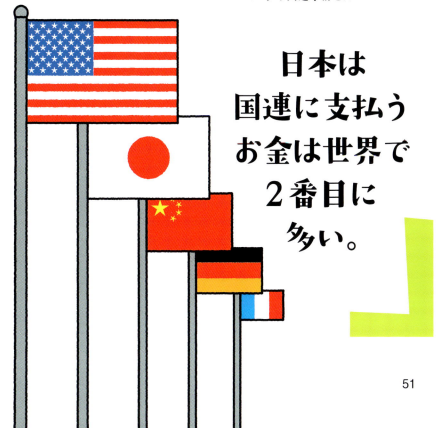

日本は
国連に支払う
お金は世界で
2番目に
多い。

アメリカ		**610.8**億円
日 本		**244.2**億円
中 国		199.8
ドイツ		161.1
フランス		122.6
イギリス		112.6
ブラジル		96.4
イタリア		94.5
ロシア		77.9
カナダ		73.7
スペイン		61.6
オーストラリア		58.9
韓 国		51.4
オランダ		37.4
メキシコ		36.2
サウジアラビア		28.9
スイス		28.8
トルコ		25.7
スウェーデン		24.1
アルゼンチン		22.5

国連の分担金

国連は、世界の国の平和と、すべての人が豊かに安心してくらせることを目標としている。世界の国々のあらそい、差別や貧困、病気の流行や人々の健康、環境破壊について、協力して解決できるよう国の代表が話し合う場だ。加盟しているのは193カ国で、国連の運営は加盟国の分担金で運営され、日本は世界で2番目に多い。金額はGNPなど国の収入を考えて3年に1回決めている。国連には、6つの主要機関とユネスコ、ユニセフ、WFPなどの機関や基金が100以上ある。

ユニセフ
国際連合児童基金

ユニセフは世界の子どもたちのために活動する国際連合のひとつで、紛争や災害で命の危険に直面している子どもたちのために募金を募り、支援している。水の25倍もの速さで水分を吸収できるスペシャルドリンクや、病気を予防するワクチンなどを届けている。働く子どもたちには、美容師やパン職人、大工などの職業を学ぶ学校をつくることで支援している。

日本も、戦後15年間(1949年～1964年)、給食の牛乳(脱脂粉乳)、くすり、服をつくる綿など65億円の支援を受けていた。

ユネスコ
国際連合教育科学文化機関

ユネスコのレポートによると、学校に通えない子どもは世界に約5800万人、読み書きのできない大人は約7億8100万人もいる。読み書き・計算ができないことで賃金の低い仕事にしか就けない。親になって自分の子どもも学校に通わせることができない。そうした悪循環を断ち切ろうと、すべての子どもが教育を受けられるよう、学校をつくる運動をしている。また、世界遺産の選定をしているのもユネスコだ。

国際連合世界食糧計画

WFPは、世界から飢えや貧困で苦しむ人をなくすための食糧支援機関で、毎年80ヵ国くらい、9000万人に学校給食などの食糧支援をしている。また、自然災害や紛争などで深刻な食糧不足に直面した人びとに食糧を届けている。

WFPが子ども1人に学校給食を1年間届けるための費用は、5000円だ。もし、日本が2018年に買う予定の戦車のお金1台分（P32）を寄付したら、15万人の子どもに1年間給食を届けることができる。18台分全部寄付したら、30万人に9年間届く。

アメリカは新しい小型の核兵器をつくるために30年間で1兆ドルも使う予定だ。このお金を使えば30年間、毎年6666万人分の学校給食を届けることができる。

先進国は開発途上国を支援する役割を担っている

世界では、195の国（日本が承認している国）のうち150カ国以上が「開発途上国」と呼ばれている。その多くは貧困や紛争という問題をかかえていて、食べ物や飲み水が足りない、子どもたちは学校に行くことができず、学ぶこともできない。医療も受けられず、5歳未満で死ぬ子どもも多い。環境破壊がすすむこと、感染症の流行や紛争が絶えないなど、その国だけの問題ではない。自分の国に影響を及ぼすということだけではなく、同じ人として「誰一人残すことなく、安心して過ごせるよう」、先進国と呼ばれる国には支援をする義務がある。

出典と参考文献

3p.　信号機って、いくらする？
- ● 信号機のねだん　沖縄県警察
  http://www.police.pref.okinawa.jp/docs/2015030500114/
- ● 交通事故発生件数　平成29年交通安全白書
- ● 信号機の増加と歩行中の死者数／シートベルト
  平成17年警察白書　第1章　世界一安全な道路交通を目指して
- ●『LRT─次世代型路面電車とまちづくり─』成山堂書店

7p.　消防自動車はいくらする？
- ● 消防車の値段　https://higomaru-call.jp/faq/CCFaqDetail.asp?txtS=%8F%C1
  %96h%8E%D4&chkS=&sc=&stype=0&pg=1&id=590&bk=list
- ● 一年間の台数　http://www.morita119.jp/faq/index.html
- ● 日本消防協会　消防の歴史
  http://www.nissho.or.jp/contents/static/syouboudan/rekishi.html
- ●『消防団─生い立ちと壁、そして未来─』『消防団の闘い』近代消防社

11p.　駅の点字ブロック、1枚いくら？
- ● 点字ブロックのねだん
  http://kohyo.kensetsu-plaza.com/search/price/H020010070040/
- ● 交通政策基本計画について　http://www.mlit.go.jp/common/001037351.pdf
- ● ホームドア設置数推移　http://www.mlit.go.jp/common/001195039.pdf
- ●「ハートのあるビルをつくろう」国土交通省
  http://www.mlit.go.jp/common/001113083.pdf
- ●『点字ブロック』福村出版

15p.　海底ケーブルのねだん
- ● FASTER地図
  http://news.kddi.com/kddi/corporate/newsrelease/2014/08/11/besshi580.html
- ● 海底ケーブルネットワーク
  https://www.submarinecablemap.com/
  https://www2.telegeography.com/submarine-cable-faqs-frequently-asked-questions
- ● 海底ケーブル概念図
  http://jpn.nec.com/nua/kansai/kaigou/2012/130301/report.html
- ●『スノーデン　日本への警告』集英社

19p.　宇宙服、1セットいくら？
- ● 宇宙服のねだん　JAXA　http://www.jaxa.jp/index_j.html
  http://fanfun.jaxa.jp/faq/detail/205.html
- ● 宇宙服ミュージアム　http://www.jsforum.or.jp/spacemuseum/
- ● 宇宙情報センター　http://spaceinfo.jaxa.jp/ja/space_suits.html

編者　藤田千枝

大学理学部卒。児童向けの科学の本、環境の本を翻訳、著述。
科学読物研究会会員、著書に「くらべてわかる世界地図」シリー
ズ、訳書に「化学の物語」シリーズ（ともに大月書店）、「実物大
恐竜図鑑」（小峰書店）、「フリズル先生のマジックスクールバス」
シリーズ（岩波書店）「まほうのコップ」（福音館書店）ほか多数。

各巻の執筆者

① 新美景子　② 坂口美佳子
③ 菅原由美子　④ 増本裕江
⑤ 新美景子・鈴木有子　⑥ 菅原由美子

いくらかな？　社会がみえる
ねだんのはなし　6

戦争と安全のねだん

2018年3月26日　第1刷発行
2024年3月26日　第5刷発行

編　者　　藤田千枝
執筆者　　菅原由美子
発行者　　中川　進
発行所　　株式会社 大月書店
　　　　　〒113-0033 東京都文京区本郷 2-27-16
　　　　　電話（代表）03-3813-4651　FAX 03-3813-4656
　　　　　振替 00130-7-16387
　　　　　http://www.otsukishoten.co.jp/

デザイン・イラスト・DTP　なかねひかり
印　刷　　光陽メディア
製　本　　ブロケード